APPEL

AUX ÉLECTEURS

DU

DÉPARTEMENT DE LA LOIRE.

Prix : 5 centimes,

Au bénéfice des ouvriers sans travail du département de la Loire.

Chez tous les Libraires du département.

PARIS,

MPRIMERIE SCHNEIDER, RUE D'ERFURTH, 1.

1848.

APPEL

AUX ÉLECTEURS

DU DÉPARTEMENT DE LA LOIRE.

I.

Qu'est-ce que la République?

> Nous n'avons pas la République;
> c'est la République qui nous a.
> A. WEILL.

Il y a république et république, comme il y a fagots et fagots. Pasquier, sous Hen-

1848

ri II, disait que la monarchie est une des formes de la République.

Qu'est-ce qu'un républicain de la veille? Avant février, c'était ordinairement un avocat sans causes, un médecin sans malades, un journaliste sans abonnés, un agent d'affaires sans affaires. On en comptait un par arrondissement de sous-préfecture, quelquefois deux. Le lendemain du 24 février, on ne les compta plus : ils étaient innombrables. Les démocrates de naissance, fils de 93, se partagèrent la défroque de la royauté. Parmi les républicains de la veille, les plus modestes se contentaient de faire remonter à huit ans leur nouvelle foi politique. C'était, entre autres, M. Aug. Callet, qui écrivait dans l'*Avenir républicain* de Saint-Etienne : « Le rétablissement de la monarchie serait une folie et un crime : une folie, car le régime monarchique est contraire à toutes les lois de la raison ; un crime, car un pareil décret serait le signal de la guerre civile. »

Ce système de gouvernement, qui nous a valu la guerre civile, la suppression de la liberté individuelle, l'aggravation des impôts, l'état de siége, est conforme à *toutes les lois de la raison : habemus confitentem reum.* A la place de la monarchie, nous avons eu l'anarchie, et la folie n'était plus là pour faire absoudre le crime.

L'an 57 de la République reconquise, d'étranges choses se passèrent dans le dé-

partement de la Loire. Comme la belle au
bois dormant, la liberté venait de sortir de
sa longue léthargie, et Jérôme Paturot
avait tort de courir à la recherche de la
meilleure des républiques : elle était trou-
vée ! Elle se composait d'une infinité de
nuances : nous avions la République rouge
de Ledru-Rollin, la République rose de
Caussidière, la République pacifique de
Considérant, la République platonique de
Lamartine ; nous avions les proudhonistes,
les blanquistes, les cabetistes et autres socialistes. Dans notre Forez, on n'admettait
point toutes ces distinctions ; les hommes
de la veille y fraternisaient avec ceux du
jour ; sur les listes de candidature, le nom
de M. Baune figurait à côté de celui de M. Cal-

let : c'était une fusion ou plutôt une confusion générale. On avait bien détruit quelques maisons de travail et plusieurs établissements religieux, mais c'était au nom de la liberté du travail et de la liberté de la conscience.

Les socialistes, qui voient dans l'avénement de la République le triomphe de leurs idées d'organisation, sont le jouet d'une sorte de mirage. Dans une République pure, l'État ne monopolise aucune industrie; la loi fondamentale, c'est le *laissez faire*, c'est la liberté complète et par conséquent la concurrence illimitée. Voyez ce qui se passe dans la république démocratique américaine et dans la république aristocratique anglaise; ces contrées sont le

terre promise des compagnies financière s
et des monopoles industriels (1).

La France est plus démocratique que
l'Amérique du Nord, car l'esprit de la démocratie est plutôt dans le code civil que

(1) Dans son manifeste du 27 novembre,
M. Louis Bonaparte dit que « la centralisation
des intérêts et des entreprises est dans la nature du despotisme, la nature de la république
repousse le monopole. » Oui, il faut repousser
le monopole, mais surtout celui qui s'exerce au
profit de quelques privilégiés. Le monopole de
l'État se comprend dans certains cas, M. Thiers
lui-même en convient; le monopole des compagnies est toujours funeste. Cette observation
critique montre que nous ne sommes point le
partisan *quand même* de M. Louis Bonaparte

dans le code électoral d'un peuple. La France a été façonnée, agrandie, civilisée et centralisée par la royauté. Abattue par ces illustres démocrates qu'on appelle Louis XI et Richelieu, l'aristocratie avait cédé la place à une puissante démocratie. Celle-ci, victorieuse en 89, se hâta de mettre ses conquêtes, encore mal affermies, sous la protection d'un chef unique et d'une nouvelle hiérarchie sociale. Ce chef unique, cette hiérarchie, nous voulons les conserver, et, bon gré, mal gré, février les a conservés. C'est ce que je définis : la Ré-publique Napoléonienne.

Veut-on savoir ce qui arriverait en France si l'on parvenait à y implanter violemment la République modèle de certains hommes d'État? M. de Tocqueville va nous l'apprendre. « S'il venait jamais à se fonder une République démocratique, comme celle des États-Unis, dans un pays accoutumé à la centralisation administrative, dans une semblable République, le despotisme deviendrait plus intolérable que dans aucune des monarchies de l'Europe. Il faudrait passer en Asie pour trouver quelque chose à lui comparer. » (*De la démocratie en Amérique.*)

Reste la république démocratique et sociale de M. Proudhon : « La révolution de février, dit-il, doit, à peine de nullité, être une révolution sociale ; car, si elle n'est point une révolution sociale, elle n'a pas la moindre raison d'existence, elle n'est rien. »

(*Le Peuple*, 21 novembre, *Argument à la Montagne.*)

Pour M. Proudhon, la fameuse formule phalanstérienne : capital, travail et talent, n'est qu'une rêverie ; ce qu'il veut, c'est l'abolition de tous les priviléges du capital, du travail et du talent. Le républicain de la veille proscrit le travail de la veille, c'est-à-dire le capital, et la société n'est plus qu'un communisme brutal avec la devise de Louis Blanc : *Produire selon ses forces, consommer selon ses besoins.*

Ouvriers, qui avez su vous faire des épargnes à la sueur de votre front, paysans attachés à la glèbe, non plus par le servage, mais par le lien puissant de la propriété, consentirez-vous à être proudhonisés ? Il a fallu sauver déjà quatre fois la République, le 17 mars, le 16 avril, le 15 mai et le 23 juin. Avec Louis Bonaparte, la révolution s'arrête, avec Cavaignac elle continue, parce que Cavaignac est le précurseur des socialistes. De cette impuissante Gironde, dont Cavaignac est le bouc émissaire, nous tomberions en Ledru-Rollin, de Ledru-Rollin en Raspail, de Raspail en Proudhon, ce messie de la révolution sociale et du partage des biens. Cette extrême libéralité de la part de gens qui ne possèdent rien vous a-t-elle séduits, citoyens électeurs?

Grâce à Dieu, l'élément conservateur existe encore parmi les nombreux propriétaires de notre sol, affranchi définitivement en 1789. Cormenin a dit avec raison :

« Tout le monde en France aime l'ordre et la liberté ; mais c'est surtout le peuple aux mains noires qui aime l'ordre, et c'est surtout le peuple aux mains blanches qui aime la liberté. »

II.

Quel sera le président de la République?

Alea jacta est (1). LAMARTINE.

L'article 2 de la Constitution porte ce qui suit : « La république française est démocratique une et indivisible. » A-t-on bien compris cette définition ? L'unité et l'indivisibilité sont les attributs non de la république, mais de la monarchie. Les mots de *grande république*, dit de Maistre, s'ex-

(1) Que signifient ces paroles ? me disaient les citoyens de mon village (St-Jean-Bonnefond, s'il vous plaît).— Elles signifient : Louis Bonaparte sera Président. De tous côtés : « Nous voulons apprendre le latin. »

cluent comme ceux de *cercle carré*. Nos prétendus républicains n'ont oublié qu'une chose, de morceler la France en cantons suisses ou en Etats-Unis d'Amérique. « Si des pièces et des ruynes de ce grand empire, disait François de Clarry, en 1592, vous projectez de bastir et façonner quelque nouvelle république, pourriez-vous supporter en France que chaque ville fist un estat à part? » Républicains systématiques, démocrates cosmopolites, voulez-vous essayer chez nous vos importations du nouveau monde? Décrétez, si vous l'osez, les Etats-Unis *de la France*. Reparaissez, Normands, Gascons, Provençaux, bas Bretons, voici revenir les Armagnacs et les Bourguignons! M. Marrast, transformé en archevêque de Narbonne, préside l'assemblée provinciale du Languedoc, M. de Larochejacquelein est le duc de Chaulnes de la Bretagne, et madame de Sévigné n'est plus là pour nous raconter les faits, les gestes et les dîners de nosseigneurs des états !

Une république républicaine n'aurait pu fonctionner avec la prodigieuse centralisation de notre pays. On lui a donné pour protecteur un président, qui, par la vertu de l'élection, sera investi d'une force immense. « Mais le président aura autant de pouvoir qu'un roi ? — Que dites-vous, autant ? J'espère bien qu'il en aura davantage. Plus l'abus d'un droit populaire est possible, plus le pouvoir gouvernemental qui le contient doit être grand. Un président responsable qui n'aurait pas plus de pouvoir qu'un roi irresponsable , y songez-vous ? »

(Cormenin.)

Le président de la république française sera tout autre chose que le président transatlantique. Aussi, les purs démocrates demandent-ils déjà la suppression de ce président qui n'est point encore nommé. Plus républicains que la république, ils remettent tous les pouvoirs de l'État entre les mains d'une assemblée dont le premier ministre ne serait , selon l'expression de Lamartine, que l'aiguille chargée de marquer l'heure de ses caprices et de sa volonté. Il est facile de concevoir la somme de liberté dont nous jouirions avec l'omnipotence d'une chambre unique, espèce de *communisme royal* d'autant plus despotique qu'il serait sans responsabilité et sans durée. Encore si cette convention représentait réellement le peuple! Mais cette représentation du peuple souverain n'est souvent qu'une fiction. Quoi! le peuple français est représenté par M. Proudhon et par M. Greppo? Le député de Quimper-Corentin est mon député? Quel est celui de nos représentants qui peut se dire l'expression du suffrage universel de la France? Je ne vois pas là l'unité de la république une et indivisible! Les pouvoirs de tous nos législateurs sont égaux, et pourtant les uns ont obtenu quelques milliers de suffrages, et d'autres plusieurs centaines de mille. Le véritable représentant de la nation, ce sera le président.

Raison de plus pour le bien choisir.

Les nations les plus fécondes ne produisent pas dans un siècle deux de ces hommes providentiels qui fondent la gloire d'un peuple et la popularité de leur nom.

Napoléon Bonaparte fut un de ces hommes. Quel est celui de ses contemporains qui ne se rappelle les transports d'enthousiasme dont on entoura le premier consul, plus grand par sa victoire sur l'anarchie que par la conquête de l'Italie. Ce n'est pas à lui que le comte de Périgord eût pu dire : « Qui t'a fait roi? » Car il avait été porté sur le pavois par le peuple, et il était l'incarnation des conquêtes légitimes de notre grande

révolution. Plus tard , je le sais , l'empereur fit regretter le premier consul. Louis
Bonaparte ne craint pas de le proclamer :
« Je fais une grande distinction entre le
consulat et l'empire. » (*Lettre à Lamartine*, 1843.) Toutefois, l'empire lui-même
n'a point été stérile pour la France, dont il
avait reculé les frontières ; pour l'Europe, à
laquelle l'empereur inocula notre civilisa-
tion. Aujourd'hui , grâce à l'établissement
impérial , il sera facile de reconstituer l'u-
nité de la race française, en regard de l'u-
nité germanique. Pourquoi le président de
la République ne serait-il-pas le vicaire d'un
nouvel empire, formé de l'agglomération de
toutes les nations d'origine gauloise , en
Belgique, en Suisse, en Savoie ? Au lieu

de faire expansion au dehors, préférons-
nous des explosions intérieures ? Pendant
que nos voisins les Allemands établissaient
leur Zollverein et qu'ils s'enrichissaient par
la liberté commerciale, le système des pro-
hibitions appauvrissait la France et repous-
sait l'union douanière avec la Belgique.
Pendant que Robert Peel inaugurait, en
Angleterre, l'ère des réformes financières
et industrielles, nous subissions le gouvernement des bornes, et, abrités par la mu-
raille vivante de nos 30,000 douaniers,
nous étions les Chinois de l'Europe. Pourtant, ce sont les expéditions à l'étranger qui
entretiennent le travail de nos manufac-
tures. Où en seraient nos fabriques de soie-
ries et de rubans sans les débouchés qui

leur sont ouverts en Angleterre et aux États-Unis ? Lorsque la consommation intérieure s'arrête, l'exportation est notre principale ressource, il faut donc multiplier nos rapports extérieurs et agrandir le marché français en reculant nos frontières commerciales. En outre, un bon gouvernement doit s'appliquer à détruire tous les monopoles, sous quelque forme qu'ils se cachent. Ce n'est pas Napoléon qui eût toléré les scandales des concessions de chemins de fer ; ce n'est pas lui qui eût maintenu et consolidé l'audacieux monopole de la compagnie des mines de la Loire, comme vient de le faire M. Vivien, ministre de la République, par le projet de décret présenté à l'Assemblée nationale, à la barbe de nos onze représentants. Et, pour le dire en passant, parmi ces onze citoyens, il ne s'en est pas trouvé un seul qui ait osé porter cette grande question à la tribune où tous les jours on accorde la parole aux idées les plus folles, aux systèmes les plus extravagants.

« Il fallait laisser grandir la France, orpheline depuis la mort de Napoléon, » a dit Châteaubriand dans le *Congrès de Vérone*. J'ai le ferme espoir que notre chère patrie sortira de la crise actuelle plus puissante que jamais. Tout conspire pour nous en Europe, en dépit de notre gouvernement (avons-nous un gouvernement?) qui hésite à reconnaître le pouvoir central de Francfort. Un Bonaparte saura terminer ce que

Bonaparte a ébauché : une grande fédéra
tion européenne. Louis-Napoléon marcher
l'égal de tous les souverains, et son nom
seul vaudra 200,000 soldats! Direz-vous
que la République s'inquiète peu des sym-
pathies de l'étranger? Mais alors pourquoi
envoyer des ambassadeurs (et quels ambassadeurs!) à Vienne, à Berlin, à Pé-
tersbourg?

Louis-Napoléon Bonaparte ralliera autour de lui toutes les illustrations, toutes
les notabilités de la France. Examinez ce
qui se passe autour de vous, quels sont les
fonctionnaires nommés par M. Cavaignac?
Deux de ces fonctionnaires peuvent-ils se
regarder sans rire?

Mais, s'écrient les *satisfaits* de M. Cavaignac, qui voteraient pour Robespierre, si Robespierre était chef du pouvoir exécutif, la nomination de Louis Bonaparte amènera le renouvellement de l'Assemblée nationale et peut-être une nouvelle crise. Cette Assemblée, élue sous l'influence de célèbres circulaires et de la *terreur électorale*, est-elle donc la représentation fidèle de l'opinion publique, et n'est-elle pas atteinte d'un vice originel? Je ne lui reproche pas d'avoir accepté sans discussion la République déjà votée par les républicains à 2 fr. par jour des ateliers nationaux; mais le peuple qui veut Louis-Napoléon approuve-t-il que ses représentants se fassent les courtiers d'élection de M. Cavaignac? La

France doit être fière de voir marcher à la tête de ses législateurs un écrivain dont tous les titres se déroulent dans la galerie des *puitchardistes* ! Le temps du calembour était enfin venu. Rival heureux du *Charivari*, le *National* trônait à l'hôtel de ville et dans le palais des Condé. L'Assemblée nationale n'était plus que l'assemblée du *National*.

Admirez son ouvrage ! 1789 avait aboli les dîmes, les droits féodaux, les immunités provinciales, les priviléges, l'impôt du sel. La première Constituante avait établi la liberté de la presse, la liberté du commerce, la liberté du travail, la liberté d'association. 1848 créa une nouvelle dîme sous le nom de 45 centimes, maintient l'impôt du sel, invente de nouvelles charges, supprime les journaux, chasse les ouvriers étrangers, confisque la liberté du travail et les épargnes du pauvre ! La Constituante de 1848 nous laisse un budget *rectifié* de 1800 millions, des abus respectueusement conservés, une dette considérablement augmentée.

Si les démagogues ne sont plus maîtres du pavé, si l'ordre matériel est rétabli, l'esprit de désordre est toujours dans la sphère du pouvoir. Le commensal de Fieschi tient les clefs de l'hôtel de ville, M. Gervais (de Caen) a délaissé le monopole des frontières de la Loire pour la préfecture de police. Comment veut-on que la confiance renaisse?

la confiance ne se décrète pas comme la banqueroute. En veut-on une preuve authentique ? Avant l'insurrection de juin (le 14 juin), la rente 5 p. 100 était à 69 fr. Après la victoire remportée sur l'insurrection (le 14 novembre), le 5 p. 100 n'était plus qu'à 63 fr. Voilà le bilan de M. Cavaignac ! En un mot, étant donné à résoudre le problème suivant : Gouverner le plus mal possible, avec le plus gros budget possible, l'inconnu à dégager sera nécessairement M. Cavaignac. Comment ce général africain pourrait-il être élu par le grand jury national qu'il a récusé, et dont le verdict souverain sera une sorte de 18 brumaire populaire. Après cela, que M. Lamoricière ne compte pas trop sur l'émeute qu'il a l'air d'appeler à son secours. Sur quelle classe les entrepreneurs de séditions pourraient-ils s'appuyer? sur l'armée? l'armée est bonapartiste; sur le peuple? le peuple est bonapartiste. Est-ce notre faute si bonapartisme est synonyme de patriotisme? Pour nous, Louis Bonaparte est plus qu'un prince, c'est un principe : le principe de l'ordre.

Je terminerai par les paroles suivantes de l'*Evénement* : « Au sein de l'Assemblée nationale de France, le fils de J.-B. Cavaignac (le terroriste), s'écrie avec orgueil sans qu'on l'y provoque : « Je suis fier du nom de mon père. » L'Assemblée applaudit, la France s'indigne. — Le lendemain, au sein de cette même Assemblée, le neveu de l'empereur s'écrie avec dignité au milieu des injures et des clameurs : « Le nom que je porte peut servir à la consolidation de la société. » L'Assemblée s'indigne, la France applaudira. »

Paris, 1er décembre 1848.

ALPH. PEYRET-LALLIER.

Imp. Schneider, rue d'Erfurth, 1.